Impressum
Verlag: BABADADA GmbH, Nedderfeld 112 , 22529 Hamburg
Geschäftsführer / Verlagsleitung: Harald Hof
Druck: Books on Demand GmbH, In de Tarpen 42, 22848 Norderstedt

Imprint
Publisher: BABADADA GmbH, Nedderfeld 112 , 22529 Hamburg, Germany
Managing Director / Publishing direction: Harald Hof
Print: Books on Demand GmbH, In de Tarpen 42, 22848 Norderstedt

chikoro

el colegio

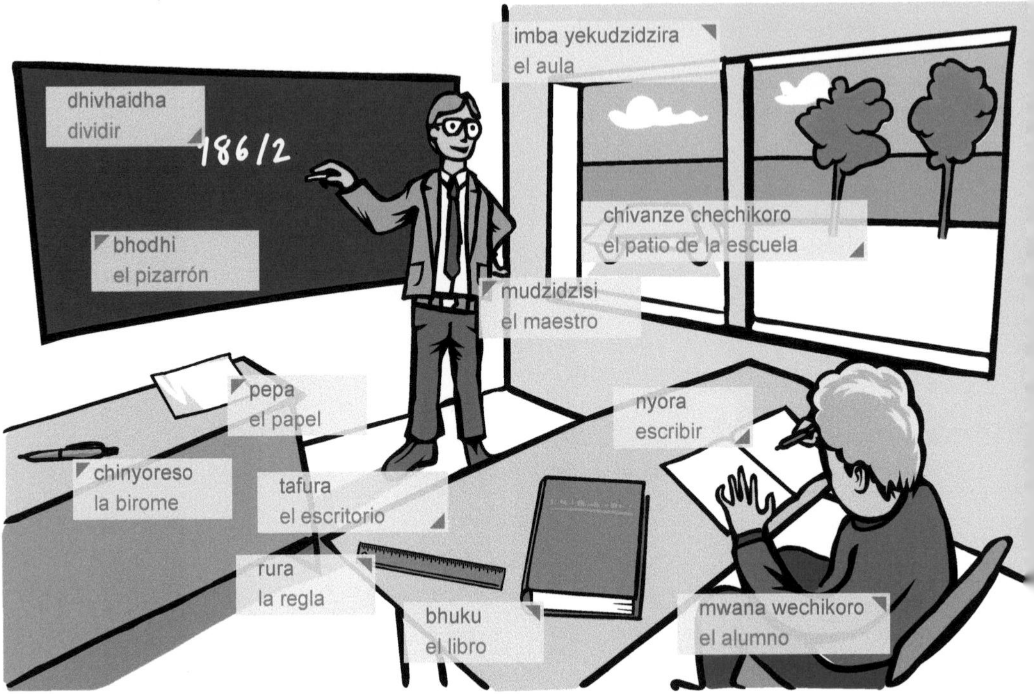

imba yekudzidzira
el aula
dhivhaidha
dividir
186/2
bhodhi
el pizarrón
chivanze chechikoro
el patio de la escuela
mudzidzisi
el maestro
pepa
el papel
nyora
escribir
chinyoreso
la birome
tafura
el escritorio
rura
la regla
bhuku
el libro
mwana wechikoro
el alumno

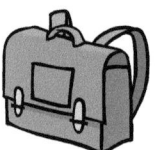

bhegi
....
la mochila

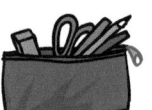

chekuchengetera mapenzura
....
la caja de lápices

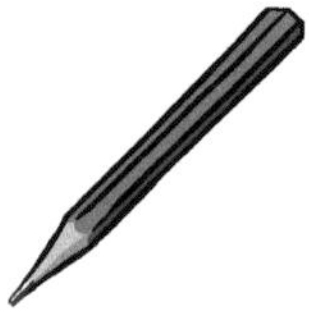

penzura
....
el lápiz

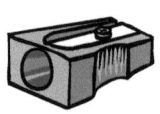

chekurodzesa mapenzura
....
el sacapuntas

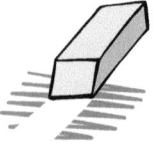

rabha
....
la goma (de borrar)

bhuku rekudhirowera mifananidzo
....
el bloc de dibujo

mufananidzo wakadhirowewa
el dibujo

bhurasho rekupendesa
el pincel

bhokisi rependi
la caja de pinturas

chigero
la tijera

guruu
el pegamento

bhuku rekunyorera
el cuaderno de ejercicios

basa rinoitirwa kumba
la tarea

12

nhamba
el número

2+2

sanganisa
sumar

5-2

bvisa
restar

2×2

wanziridza
multiplicar

kakureta
calcular

A

bhii
la letra

ABCDEFG
HIJKLMN
OPQRSTU
VWXYZ

arufabheti
el abecedario

hello

shoko
la palabra

mashoko

el texto

kuverenga

leer

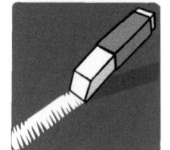

choko

la tiza

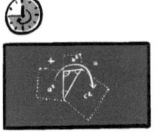

chidzidzo

la lección

bhuku remazita

el cuaderno de clase

bvunzo

el examen

setifiketi

el certificado

yunifomu yekuchikoro

el uniforme escolar

dzidzo

la educación

encyclopedia

la enciclopedia

yunivhesiti

la universidad

maikorosikopu

el microscopio

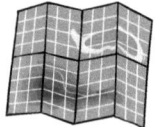

mepu

el mapa

bhini remapepa

el tacho (de basura)

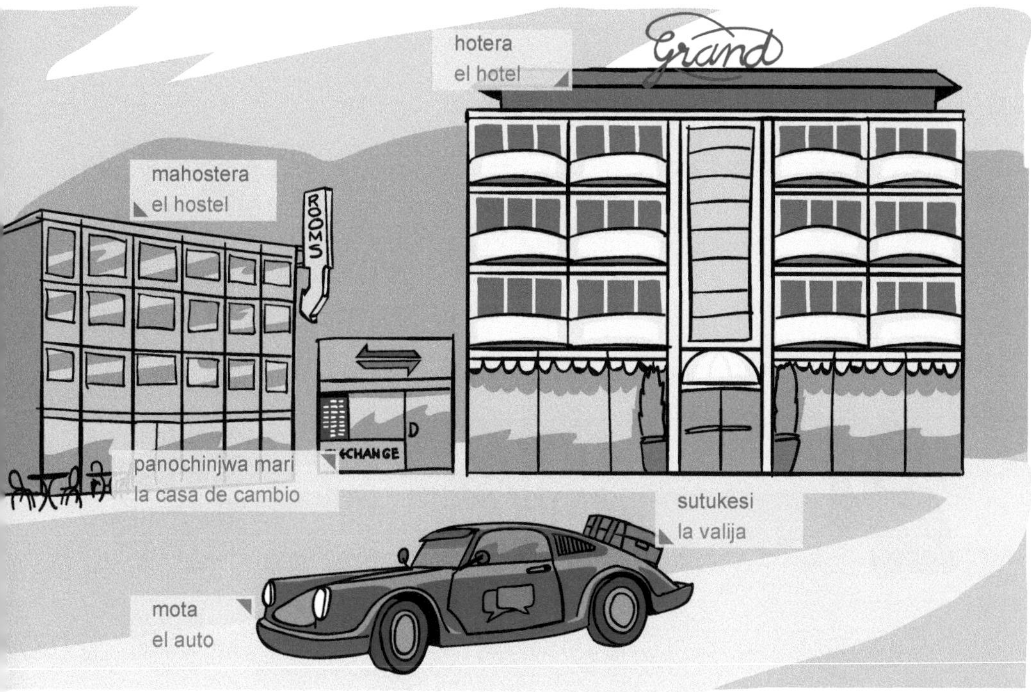

hotera
el hotel
Grand
mahostera
el hostel
ROOMS
CHANGE
panochinjwa mari
la casa de cambio
sutukesi
la valija
mota
el auto

mutauro
el idioma

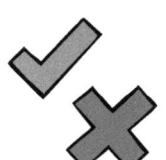

hongu / kwete
sí / no

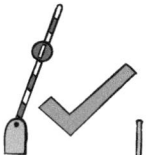

Zvakanaka
Está bien

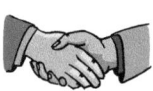

hesi
hola

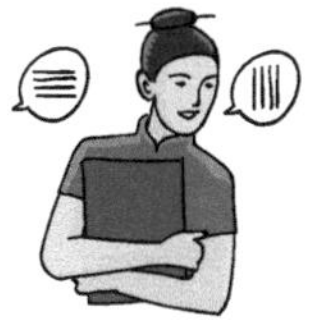

mushanduri
el traductor

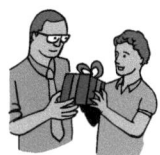

Mazvita
Gracias

Imarii... ?

¿cuánto cuesta...?

Handisi kunzwisisa

No entiendo

dambudziko

el problema

Manheru!

¡Buenas tardes!

Mangwanani!

¡Buenos días!

Murare zvakanaka

¡Buenas noches!

toonana

el adiós

mafambiro

la dirección

katundu

el equipaje

bhegi

el bolso

bhegi rekumusana

la mochila

muenzi

el invitado

imba

la habitación

bhegi rekurarira

la bolsa de dormir

tendi

la carpa

mashoko evafambi

la información turística

mahombekombe

la playa

kadhi rekubhengi

la tarjeta de crédito

kudya kwemangwanani

el desayuno

kudya kwemasikati

el almuerzo

kudya kwemanheru

la cena

tiketi

el pasaje

chikwidzo

el ascensor

chitambi

el sello

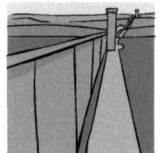

muganhu

la frontera

vanoona nezvekupinda
munyika

la aduana

vamiririri venyika

la embajada

vhiza

la visa

pasipoti

el pasaporte

zvifambiso
el transporte

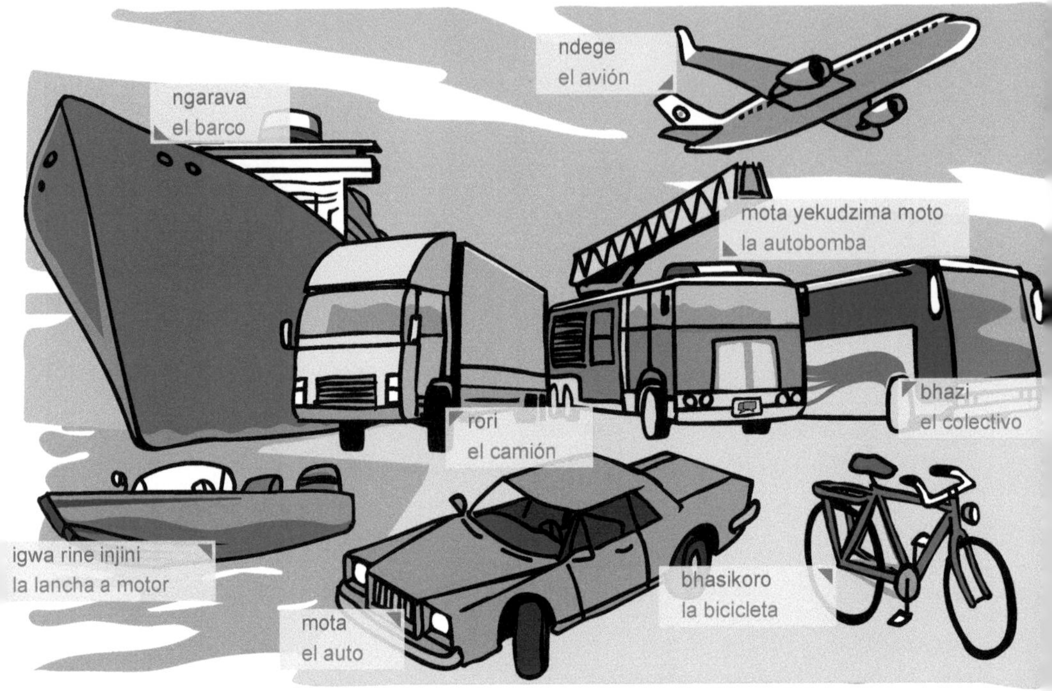

ndege
el avión
ngarava
el barco
mota yekudzima moto
la autobomba
bhazi
el colectivo
rori
el camión
igwa rine injini
la lancha a motor
bhasikoro
la bicicleta
mota
el auto

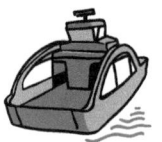

igwa
el ferry

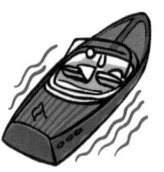

igwa
el bote

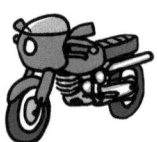

mudhudhudhu
la moto

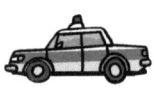

mota yemapurisa
el patrullero

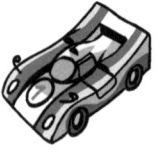

mota yemujaho
el auto de carreras

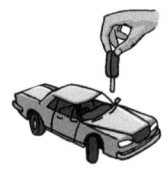

mota yekuhaya
el auto de alquiler

kuhaya mota

el alquiler de autos

mota inodhonza dzinenge dzafa

la grúa

mota yemabhini

el camión de la basura

injini

el motor

mafuta

la nafta

garaji remafuta

la estación de servicio

chikwangwani chemumugwagwa

la señal de tránsito

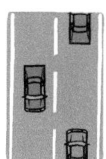

mota

el tránsito

mota dzakawandisa

el embotellamiento

panopakwa mota

el estacionamiento

chiteshi chezvitima

la estación de tren

njanji

las vías

chitima

el tren

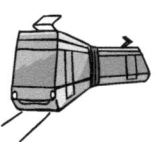

tram

el tranvía

chitima

el vagón

chikopokopo

el helicóptero

nhandare yendege

el aeropuerto

nharire

la torre

mufambi

el pasajero

chikondena

el contenedor

kadhibhodhi bhokisi

la caja de cartón

ngoro

la carretilla

bhasiketi

la canasta

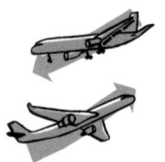

simuka / mhara

despegar / aterrizar

guta

la ciudad

musha

el pueblo

pakati peguta

el centro de la ciudad

imba

la casa

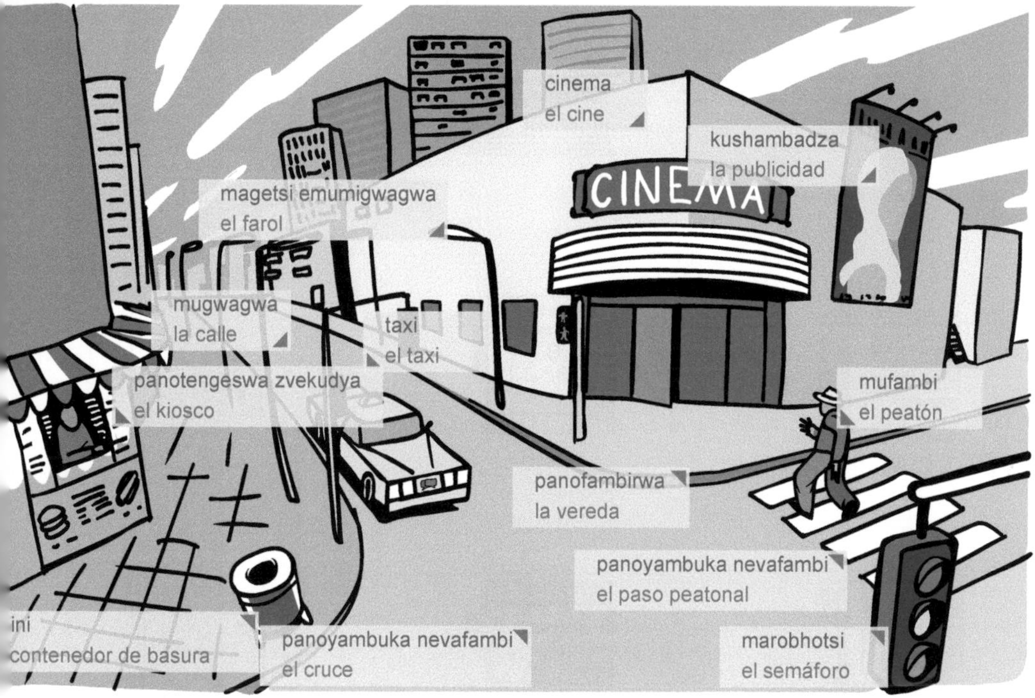
CINEMA
cinema
el cine
kushambadza
la publicidad
magetsi emumigwagwa
el farol
mugwagwa
la calle
taxi
el taxi
panotengeswa zvekudya
el kiosco
mufambi
el peatón
panofambirwa
la vereda
panoyambuka nevafambi
el paso peatonal
ini
contenedor de basura
panoyambuka nevafambi
el cruce
marobhotsi
el semáforo

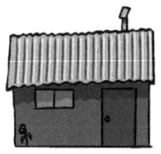

imba

la cabaña

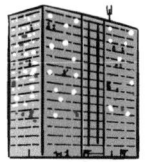

mafurati

el departamento

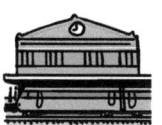

chiteshi chezvitima

la estación de tren

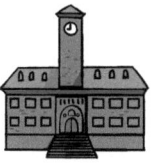

imba yeguta

la municipalidad

MUSEUM

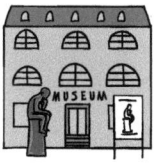

muziyamu

el museo

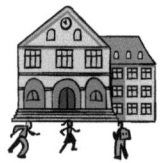

chikoro

el colegio

yunivhesiti

la universidad

bhengi

el banco

chipatara

el hospital

hotera

el hotel

panotengeswa mishonga

la farmacia

hofisi

la oficina

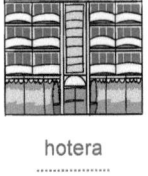

chitoro chemabhuku

la librería

chitoro

el negocio

panotengeswa maruva

la florería

supamaketi

el supermercado

musika

el mercado

chitoro chine
madhipatimendi

las grandes tiendas

panotengeswa hove

la pescadería

nzimbo ine zvitoro

el centro comercial

chiteshi chengarava

el puerto

paki

el parque

bhenji

el banco

bhiriji

el puente

masitepisi

las escaleras

nzira inoenda nepasi

el subte

mugwagwa wepasi

el túnel

panokwirirwa mabhazi

la parada del colectivo

bhawa

el bar

resitorendi

el restaurante

bhokisi retsamba

el buzón

chikwangwani chemugwagwa

el letrero

mita yekupaka

el parquímetro

munochengeterwa mhuka

el zoológico

kunotuhwinirwa

la pileta

mosque

la mezquita

purazi

la granja

kusvibisa

la contaminación

kumakuva

el cementerio

chechi

la iglesia

pekutambira

los juegos infantiles

temberi

el templo

mamiriro akaita nzvimbo

el paisaje

shizha
la hoja

chikwangwani
el poste indicador

nzira
el camino

mafuro
la pradera

dombo
la piedra

muti
el árbol

mufambi
el excursionista

rwizi
el río

uswa
la hierba

ruva
la flor

mupata

el valle

gomo

la montaña

dhamu

el lago

sango

el bosque

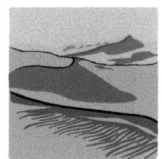

gwenga

el desierto

chikwatamabwe

el volcán

zimba

el castillo

muraraungu

el arco iris

hohwa

el champiñón

muchindwe

la palmera

umhutu

el mosquito

nhunzi

la mosca

svosve

la hormiga

nyuchi

la abeja

buve

la araña

chipembenene

el escarabajo

datya

la rana

tsindi

la ardilla

nungu

el erizo

tsuro

la liebre

zizi

la lechuza

shiri

el pájaro

swan

el cisne

nguruve yemusango

el jabalí

nondo

el ciervo

moose

el alce

dhamu

la presa

injini yemhepo

el aerogenerador

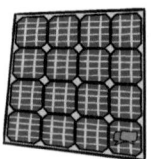

panero rezuva

el panel solar

mamiriro ekunze

el clima

resitorendi

el restaurante

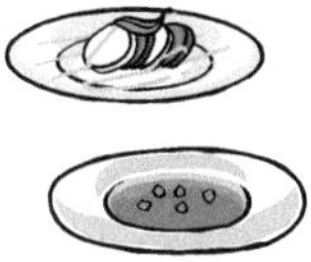

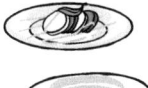

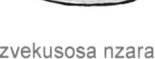

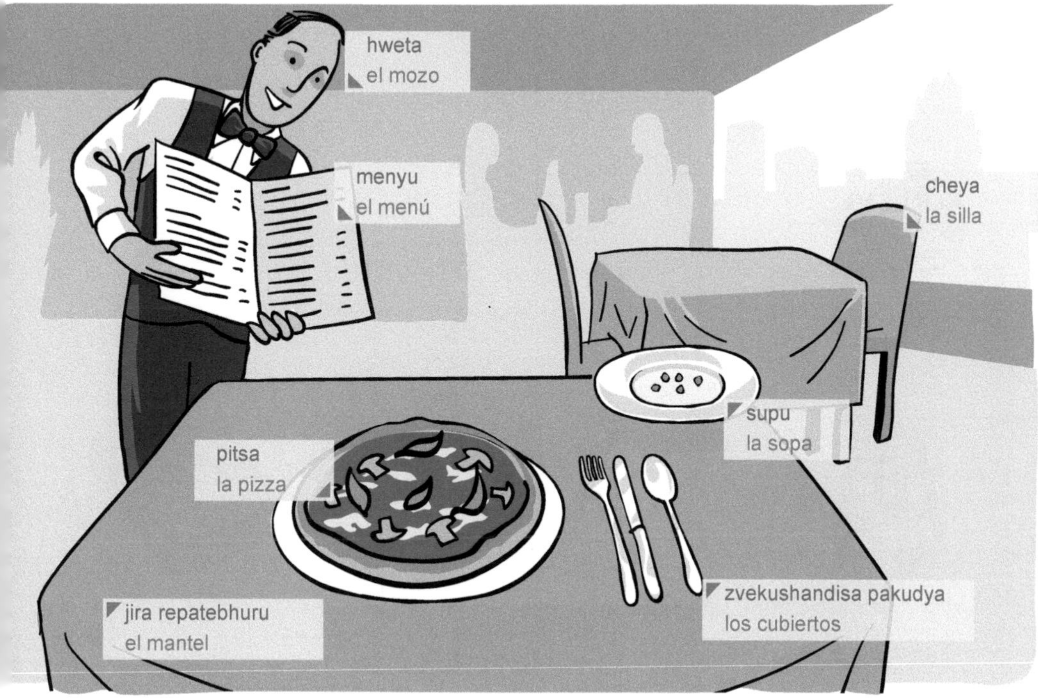

hweta
el mozo
menyu
el menú
cheya
la silla
supu
la sopa
pitsa
la pizza
jira repatebhuru
el mantel
zvekushandisa pakudya
los cubiertos

zvekusosa nzara
la entrada

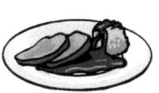

zvekudya
el plato principal

zvekuseredzera
el postre

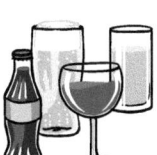

zvekunwa
las bebidas

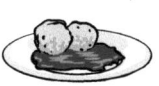

zvekudya
la comida

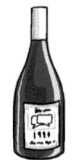

bhodhoro
la botella

zvekudya zvisingatori nguva
kubika

la comida rápida

chikafu chinotengeswa
munzira

la comida callejera

tipoti

la tetera

gabha reshuga

la azucarera

chidimbu

la porción

muchina wekofi

la cafetera expreso

cheya yemwana

la sillita alta

bhiri

la cuenta

tureyi

la bandeja

banga

el cuchillo

forogo

el tenedor

chipunu

la cuchara

chipunu

la cucharita

zvekupukutisa muromo

la servilleta

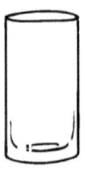

girazi

el vaso

ndiro

el plato

ndiro yesupu

el plato hondo

ndiro

el plato

supu

la salsa

chekuisira sauti

el salero

chekugaya mhiripiri

el molinillo de pimienta

vhiniga

el vinagre

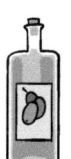

mafuta

el aceite

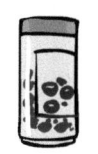

masipaisi

las especias

ketchup

el kétchup

mustard

la mostaza

mayonaizi

la mayonesa

supamaketi
el supermercado

zvaderedzwa mitengo
la oferta especial
mutengi
el cliente
zvinogadzirwa nemukaka
los lácteos
michero
la fruta
chingoro
el changuito
FOR

BUTCHERS

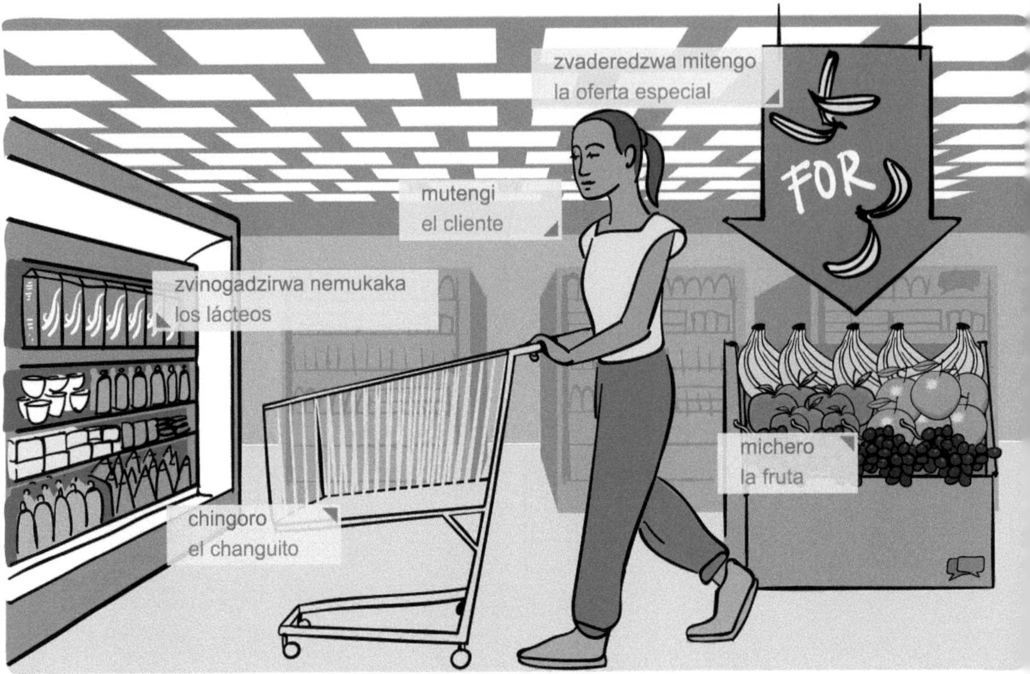

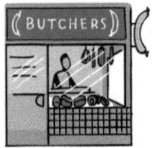

panotengeswa nyama

la carnicería

BAKERY

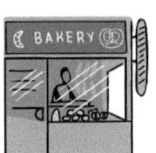

panotengeswa chingwa

la panadería

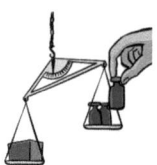

kuyera

pesar

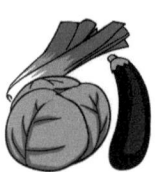

miriwo

las verduras

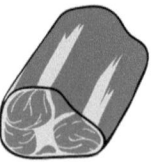

nyama

la carne

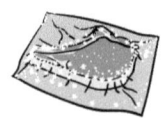

zvekudya zvakaoma nechando

los alimentos congelados

nyama yakatonhora

los fiambres

zvekudya zvemugaba

los alimentos enlatados

sipo yeupfu yekuwachisa

el detergente en polvo

masuwiti

las golosinas

zvekushandisa mumba

los electrodomésticos

zvekuchenesa nazvo

los productos de limpieza

mutengesi

la vendedora

tiru

la caja

mutengesi

el cajero

zviri kuda kutengwa

la lista de compras

nguva dzekuvhura

el horario de atención

chikwama

la billetera

kadhi rekubhengi

la tarjeta de crédito

bhegi

la cartera

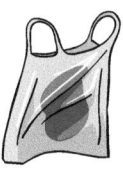

pepa rekuisira

la bolsa de plástico

mvura

el agua

muto wemichero

el jugo

mukaka

la leche

coke

la bebida cola

waini

el vino

doro

la cerveza

doro

el alcohol

cocoa

el cacao

tii

el té

kofi

el café

kofi

el café expreso

cappuccino

el cappuccino

bhanana

la banana

apuro

la manzana

orenji

la naranja

nwiwa

el melón

ndimu

el limón

karotsi

la zanahoria

gariki

el ajo

mushenjere

el bambú

hanyanisi

la cebolla

hohwa

el champiñón

nzungu

las nueces

manoodle

los fideos

spaghetti

los tallarines

mupunga

el arroz

saradhi

la ensalada

machipisi

las papas fritas

mbatatisi dzakafuraiwa

las papas fritas

pitsa

la pizza

chingwa chakaruma nyama

la hamburguesa

sangweji

el sándwich

nhindi

el churrasco

ham

el jamón

salami

el salame

soseji

la salchicha

huku

el pollo

gochwa

el asado

hove

el pescado

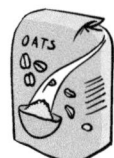

bota reoats

los copos de avena

muesli

el muesli

macornflake

los copos de maíz

furawa

la harina

croissant

la medialuna

chingwa

el pancito

chingwa

el pan

chingwa chakagochwa

la tostada

mabhisikiti

las galletitas

bhata

la manteca

ige

la cuajada

keke

la torta

zai

el huevo

zai rakafuraiwa

el huevo frito

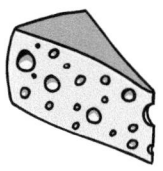

chizi

el queso

aizikirimu

el helado

shuga

el azúcar

huchi

la miel

jemu

la mermelada

chocolate yekuzora

la pasta de chocolate

curry

el curry

purazi

la granja

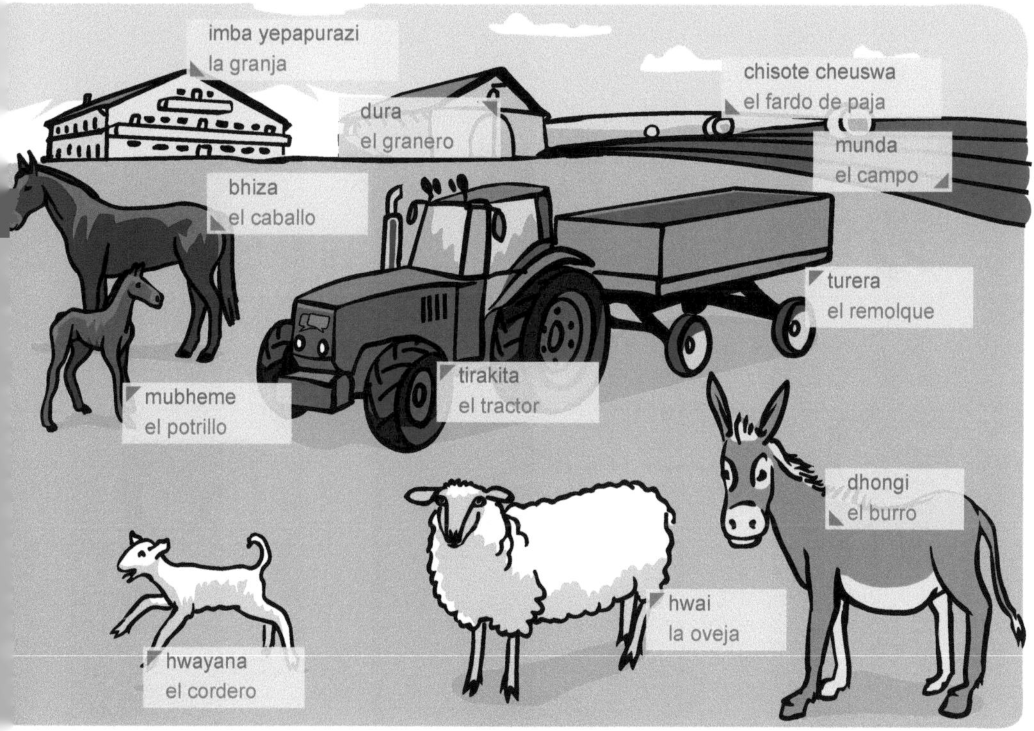
imba yepapurazi
la granja
dura
el granero
chisote cheuswa
el fardo de paja
munda
el campo
bhiza
el caballo
turera
el remolque
tirakita
el tractor
mubheme
el potrillo
dhongi
el burro
hwai
la oveja
hwayana
el cordero

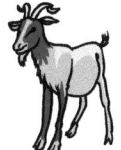

mbudzi

la cabra

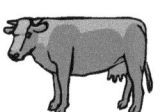

mhou

la vaca

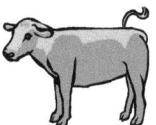

mhuru

el ternero

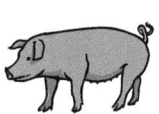

nguruve

el cerdo

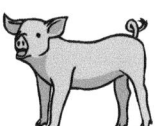

chigwi

el lechón

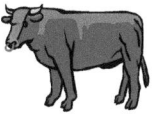

bhuru

el toro

dhadha

el ganso

dhakisi

el pato

nhiyo

el pollo

tseketsa

la gallina

jongwe

el gallo

gonzo

la rata

katsi

el gato

mbeva

el ratón

dhonza

el buey

imbwa

el perro

imba yembwa

la cucha

pombi yemvura

la manguera

keni yekudiridzisa

la regadera

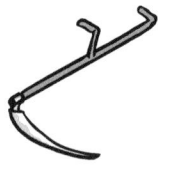

jeko

la guadaña

gejo

el arado

jeko

la hoz

badza

la azada

forogo

la horquilla

demo

el hacha

bhara

la carretilla

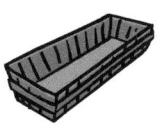

chidyiro

el abrevadero

bhodhoro remukaka

la lechera

saga

la bolsa

fenzi

la reja

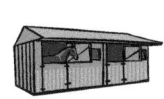

danga

el establo

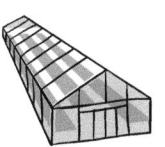

greenhouse

el invernadero

ivhu

el suelo

mbeu

la semilla

fetereza

el fertilizador

mota yekukohwesa

la cosechadora

kukohwa

cosechar

gohwo

la cosecha

mbatatisi

las batatas

gorosi

el trigo

soya

la soja

mbatatisi

la papa

chibage

el maíz

rapeseed

la semilla de colza

muti wemichero

el árbol frutal

mufarinya

la mandioca

mbesa

los cereales

imba

la casa

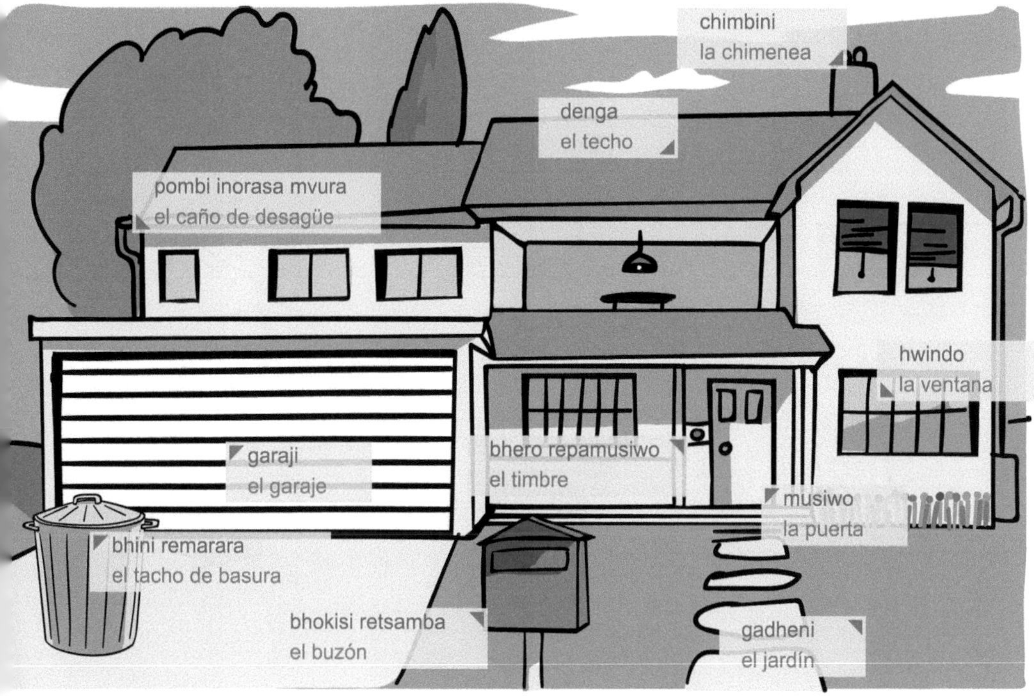

chimbini
la chimenea
denga
el techo
pombi inorasa mvura
el caño de desagüe
hwindo
la ventana
garaji
el garaje
bhero repamusiwo
el timbre
musiwo
la puerta
bhini remarara
el tacho de basura
bhokisi retsamba
el buzón
gadheni
el jardín

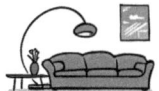

imba yekutandarira

el living

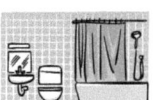

mekugezera

el baño

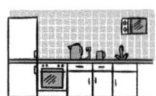

kicheni

la cocina

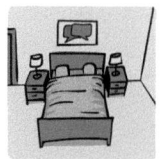

imba yekurara

el dormitorio

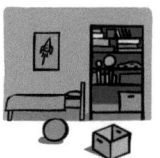

imba yemwana

el cuarto de los chicos

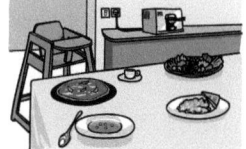

imba yekudyira

el comedor

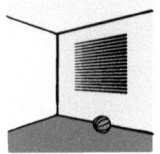

uriri
el piso

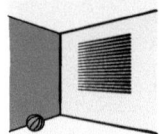

madziro
la pared

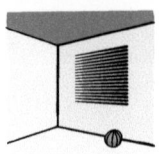

denga
el cielorraso

imba yepasi
el sótano

sauna
el sauna

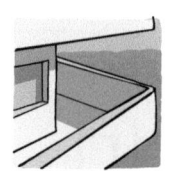

vharanda repadenga
el balcón

uriri hwepadenga
la terraza

dziva rekushambira
la pileta

muchina wekuchekesa
uswa
la cortadora de pasto

jira
la sábana

chekufukidza mubhedha
el acolchado

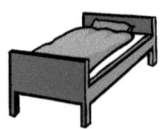

mubhedha
la cama

bhurumu
la escoba

bhaketi
el balde

suwichi
el interruptor

imba yekutandarira
el living

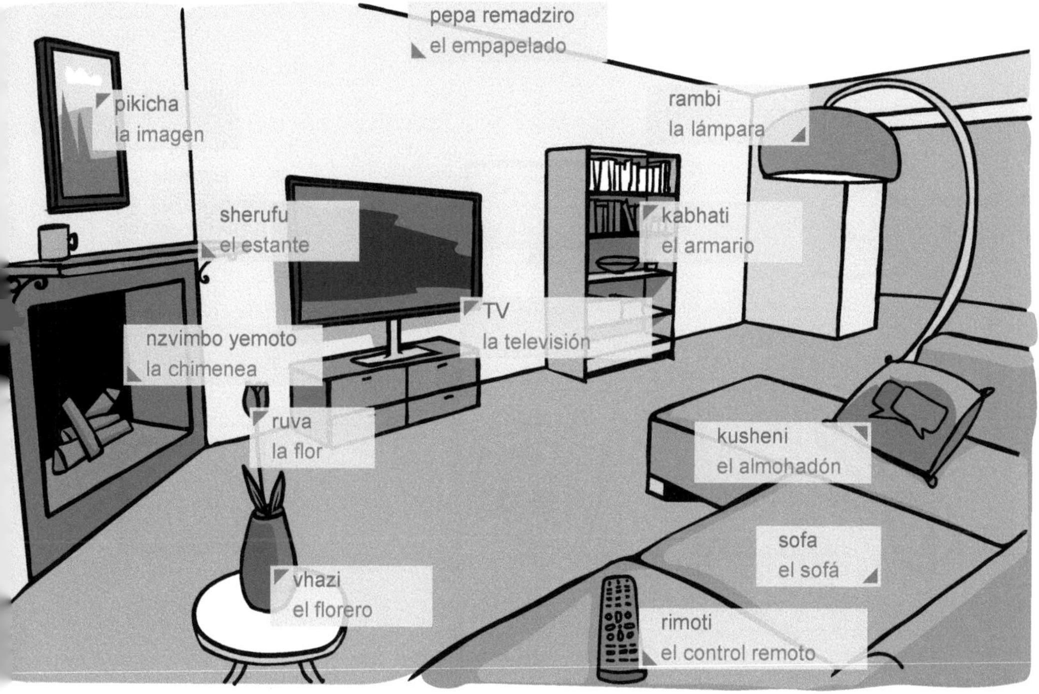

pepa remadziro
el empapelado
pikicha
la imagen
rambi
la lámpara
sherufu
el estante
kabhati
el armario
TV
la televisión
nzvimbo yemoto
la chimenea
ruva
la flor
kusheni
el almohadón
sofa
el sofá
vhazi
el florero
rimoti
el control remoto

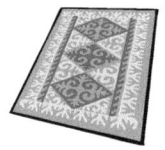

kapeti

la alfombra

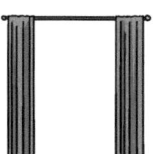

keteni

la cortina

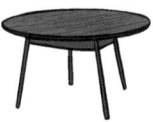

tebhuru

la mesa

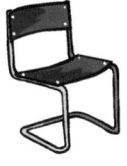

cheya

la silla

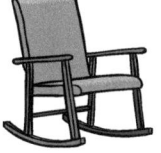

cheya inozeya

la mecedora

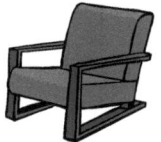

cheya ine pekuisa maoko

el sillón

bhuku

el libro

gumbeze

la frazada

marongedzero

la decoración

huni

la leña

firimu

la película

redhiyo yehi-fi

el equipo de música

kii

la llave

pepanhau

el diario

mufananidzo

la pintura

posita

el póster

redhiyo

la radio

pekunyorera

el cuaderno

muchina wekuhuvhisa

la aspiradora

chinanazi

el cactus

kenduru

la vela

kicheni
la cocina

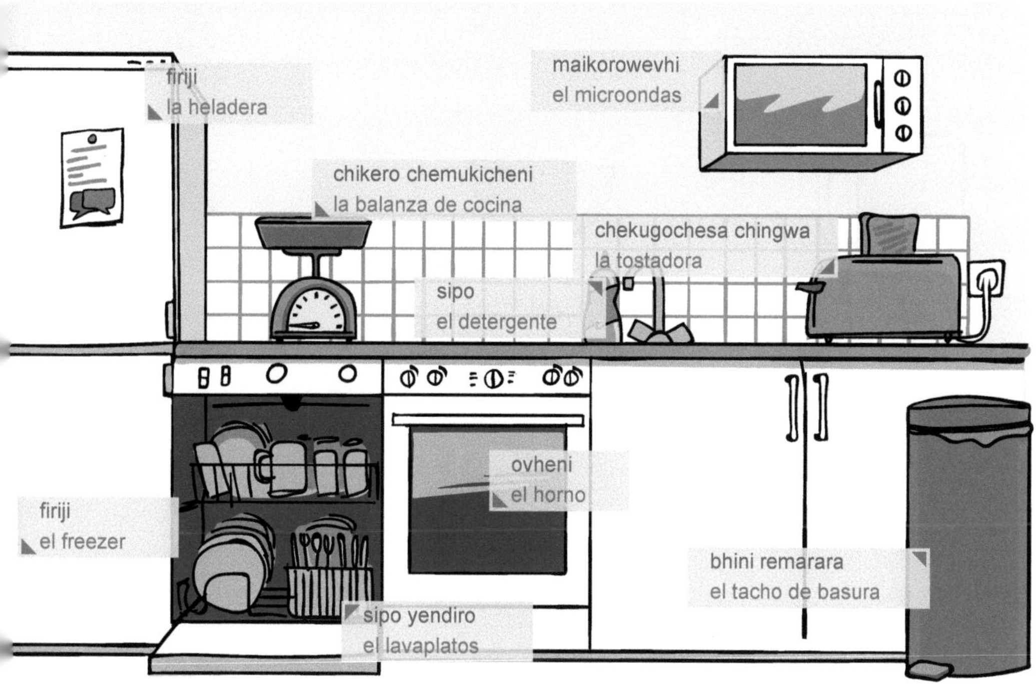

firiji
la heladera
maikorowevhi
el microondas
chikero chemukicheni
la balanza de cocina
chekugochesa chingwa
la tostadora
sipo
el detergente
ovheni
el horno
firiji
el freezer
bhini remarara
el tacho de basura
sipo yendiro
el lavaplatos

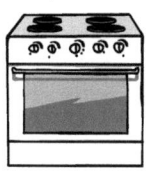

chitofu

la cocina

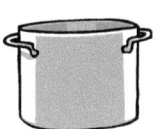

poto

la olla

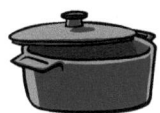

poto yesimbi

la olla de hierro fundido

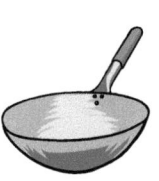

wok / kadai

el wok

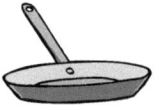

pani

la sartén

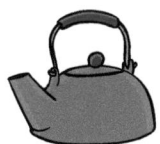

ketero

la pava

chekubikisa neutsi
hwemvura
la vaporera

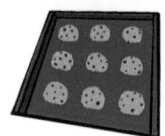

turei yekubhekesa
la bandeja de horno

ndiro
la vajilla

kapu
la taza

dishi
el bol

tumiti twekudyisa
los palitos

chipunu
el cucharón

chipunu
la espátula

chekusanganisisa
la batidora

chekukunisa
el colador

chekukunisa
el colador

chekugiretesa
el rallador

duri
el mortero

chiwaya
la parrilla

moto
la fogata

chekuchekera

la tabla de picar

chekutsimbiririsa
mukanyiwa

el palo de amasar

chekuvhurisa mabhodhoro
ewaini

el sacacorchos

tini

la lata

chekuvhurisa tini

el abrelatas

girovhosi rekubatisa
zvinopisa

la manopla

singi

la pileta

bhurasho

el cepillo

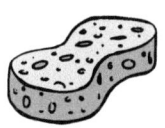

chipanji

la esponja

chinosanganisa

la batidora

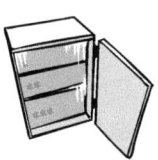

firiji

el congelador

bhodhoro remwana

la mamadera

pombi

la canilla

mekugezera

el baño

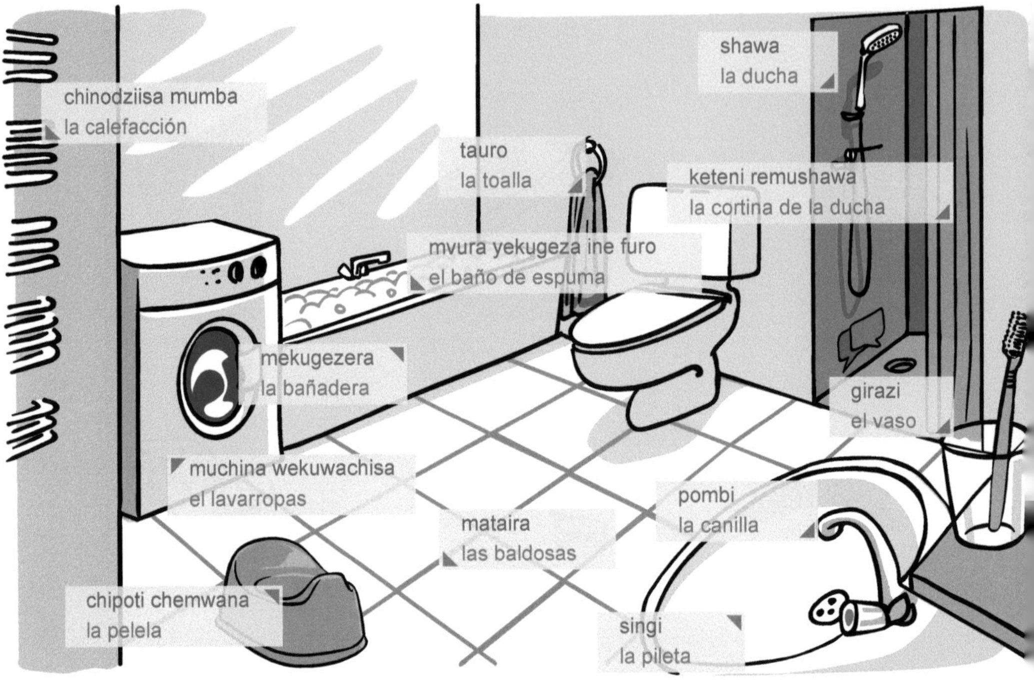
shawa
la ducha
chinodziisa mumba
la calefacción
tauro
la toalla
keteni remushawa
la cortina de la ducha
mvura yekugeza ine furo
el baño de espuma
mekugezera
la bañadera
girazi
el vaso
muchina wekuwachisa
el lavarropas
pombi
la canilla
mataira
las baldosas
chipoti chemwana
la pelela
singi
la pileta

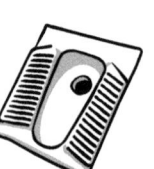

toireti

el inodoro

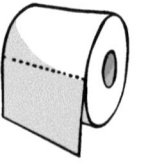

toireti yegomba

la letrina

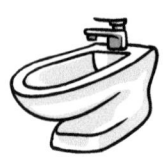

chemba

el bidé

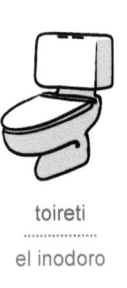

chekuitira weti chevarume

el mingitorio

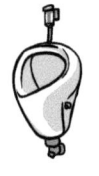

pepa remutoireti

el papel higiénico

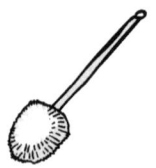

bhurasho remutoireti

el cepillo para el inodoro

bhurasho remazino

el cepillo de dientes

mushonga wemazino

el dentífrico

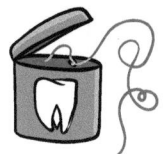

tambo yekugezesa mazino

el hilo dental

kugeza

lavar

shawa yekuita zvekubata

la ducha de mano

douche

la ducha higiénica

bheseni

la palangana

bhurasho remusoro

el cepillo para la espalda

sipo

el jabón

sipo yekugezesa mushawa

el gel de ducha

shambuu

el shampoo

chekugezesa

la toallita

dhireni

el desagüe

mafuta

la crema

chinonhuwirira

el desodorante

girazi

el espejo

girazi remumaoko

el espejito

chekugeresa ndebvu

la maquinita de afeitar

furo rekugeresa ndebvu

la espuma de afeitar

mafuta ekuzora wagera ndebvu

el aftershave

kamu

el peine

bhurasho

el cepillo

chekuomesa bvudzi

el secador de pelo

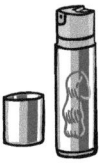

mushonga wekupfapfaidza musoro

el spray

zvekupodesa

el maquillaje

chekupendesa muromo

el lápiz de labios

chekupendesa nzara

el esmalte para uñas

donje

el algodón

chigero chenzara

la tijera para uñas

pefiyumu

el perfume

bhegi rezvekugezesa

el portacosméticos

chituro

la banqueta

chikero

la balanza

bathrobe

la bata

magirovhosi erabha

los guantes de goma

tampon

el tampón

pedhi

la toallita femenina

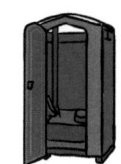

toireti inotakurwa

el baño químico

imba yemwana

el cuarto de los chicos

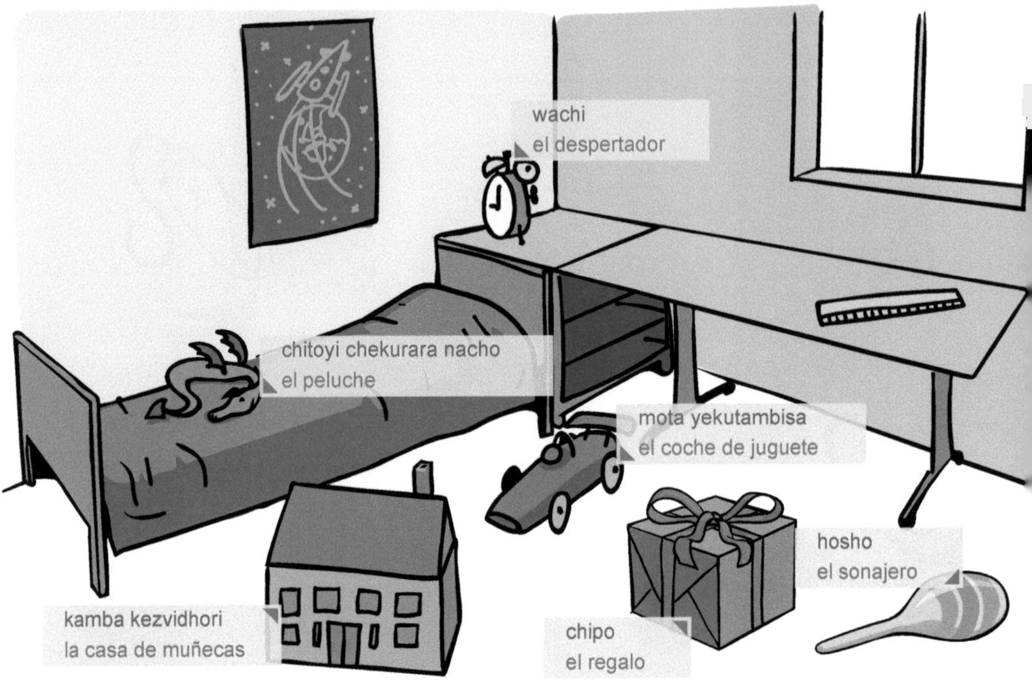
wachi
el despertador
chitoyi chekurara nacho
el peluche
mota yekutambisa
el coche de juguete
hosho
el sonajero
kamba kezvidhori
la casa de muñecas
chipo
el regalo

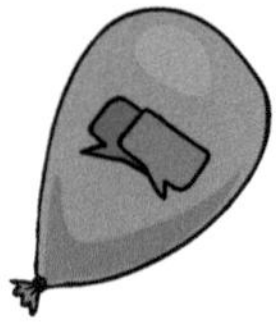

chibharuma

el globo

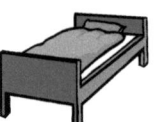

mubhedha

la cama

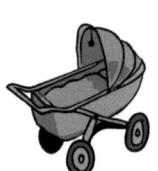

purema

el cochecito

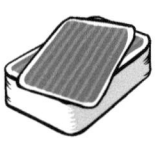

makadhi ekutamba

las cartas

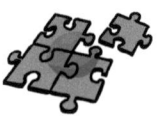

puzzle

el rompecabezas

SUPER
MEGA

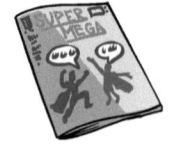

makatuni ekuverenga

la historieta

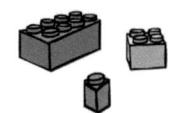

zvekuvakisa zvinhu

las piezas de lego

mabhuroko ekuvakisa

los ladrillos de juguete

chidhori

la figura de acción

babygrow

el enterito (de bebé)

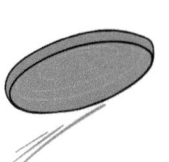

chekutambisa uchikanda

el frisbee

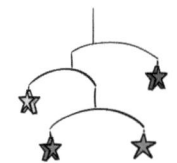

zvekuvaraidza mwana

el móvil para bebés

gemu rinotambirwa pabhodhi

el juego de mesa

dhaisi

los dados

zvitima zvekutambisa

el tren eléctrico

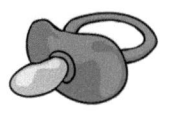

chidhami

el chupete

mabiko

la fiesta

bhuku remapikicha

el libro de cuentos ilustrado

bhora

la pelota

chidhori

la muñeca

kutamba

jugar

majecha ekutambira

el arenero

muzeerere

la hamaca

zvekutambisa

los juguetes

chekutambisa magemu
emavhidhiyo

la consola de videojuegos

kabhasikoro kemavhiri
matatu

el triciclo

teddy bear

el osito de peluche

wadhiropu

el armario

zvipfeko

la ropa

masokisi

las medias

masokisi

las medias panty

matirauzi anobata muviri

las calzas

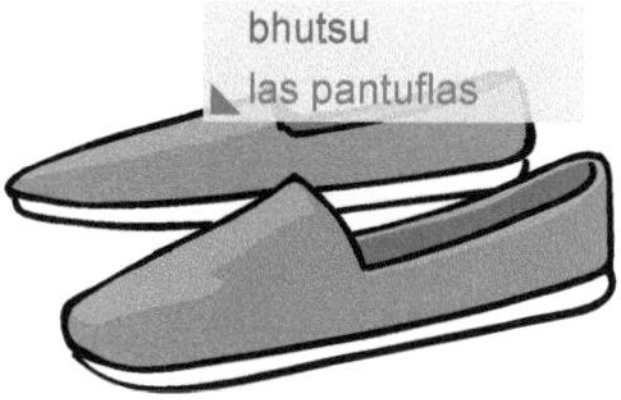

sikavha
la bufanda

amburera
el paraguas

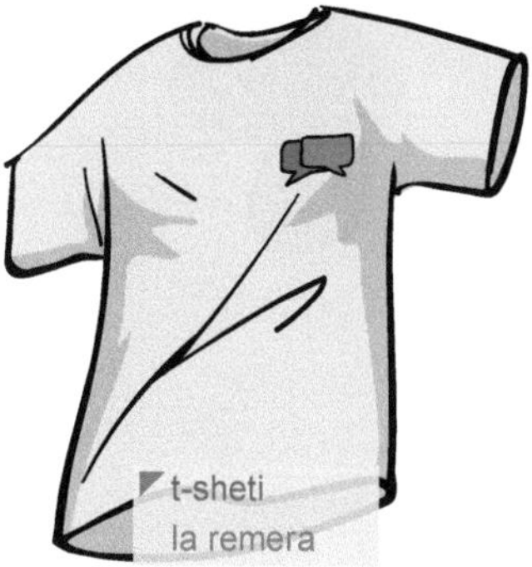

bhandi
el cinturón

t-sheti
la remera

bhutsu
las zapatillas

majombo
las botas

bhutsu
las pantuflas

masanduru
....
las sandalias

bhutsu
....
los zapatos

magambutsu
....
las botas de goma

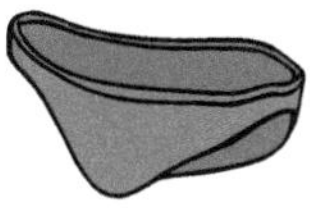

nduwe
....
la ropa interior

bhodhi
....
el corpiño

vhesi
....
el chaleco

zvipfeko - la ropa

45

muviri

el body

tirauzi

los pantalones

jini

los jeans

siketi

la pollera

bhurauzi

la blusa

hembe

la camisa

bhachi

el pulóver

chibhachi

el buzo

bhachi

el blazer

bhachi

la campera

jasi

el tapado

renikoti

el piloto

koshitomu

el traje

dhirezi

el vestido

dhirezi remuchato

el vestido de novia

sutu

el traje

hembe yekurarisa

el camisón

mapijama

el pijama

chari

el sari

headscarf

el pañuelo para la cabeza

heti

el turbante

burqa

la burka

kaftan

el caftán

abaya

la abaya

hembe yekutuhwinisa

el traje de baño

chikabudura

el short de baño

chikabudura

los shorts

tirekisutu

el jogging

apuroni

el delantal

magirovhosi

los guantes

bhatani

el botón

magirazi

los anteojos

bhenguru

la pulsera

chuma

el collar

rin'i

el anillo

mhete

el aro

kepisi

la gorra

hen'a

la percha

heti

el sombrero

tai

la corbata

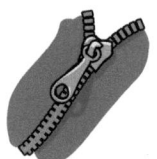

zipi

el cierre

herumeti

el casco

mabhandi

los tiradores

yunifomu yekuchikoro

el uniforme escolar

yunifomu

el uniforme

chibhibhi
el babero

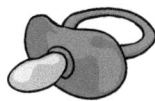

chidhami
el chupete

napukeni
el pañal

hofisi
la oficina

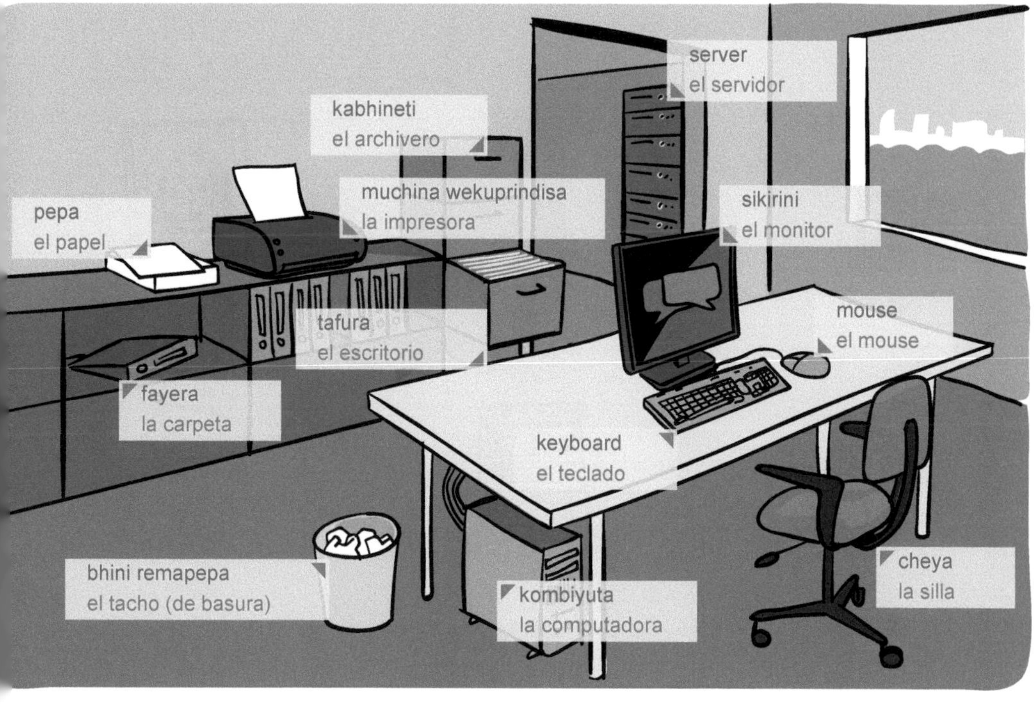

pepa
el papel

kabhineti
el archivero

muchina wekuprindisa
la impresora

server
el servidor

sikirini
el monitor

tafura
el escritorio

mouse
el mouse

fayera
la carpeta

keyboard
el teclado

bhini remapepa
el tacho (de basura)

kombiyuta
la computadora

cheya
la silla

kapu yekofi
la taza de café

kakureta
la calculadora

indaneti
el internet

laptop
la laptop

tsamba
la carta

tsamba
el mensaje

serura
el celular

network
la red

muchina wekufotokopesa
la fotocopiadora

software
el software

foni
el teléfono

pekupfekera magetsi
el tomacorriente

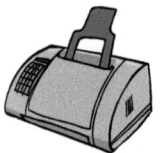

muchina wefax
el fax

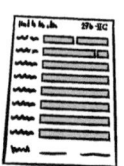

fomu
el formulario

gwaro
el documento

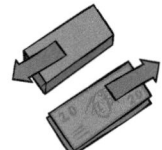

kutenga

comprar

kubhadhara

pagar

kutengesa

hacer negocios

mari

el dinero

Dhora

el dólar

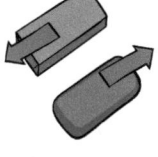

Euro

el euro

Yen

el yen

rouble

el rublo

Swiss franc

el franco suizo

renminbi yuan

el yuan

rupee

la rupia

panobhadharwa

el cajero automático

panochinjwa mari

la casa de cambio

goridhe

el oro

sirivha

la plata

mafuta

el petróleo

magetsi

la energía

mutengo

el precio

chibvumirano

el contrato

mutero

el impuesto

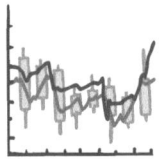

masitoku

la acción

kushanda

trabajar

mushandi

el empleado

mushandirwi

el empleador

fekitari

la fábrica

chitoro

el negocio

mabasa
las ocupaciones

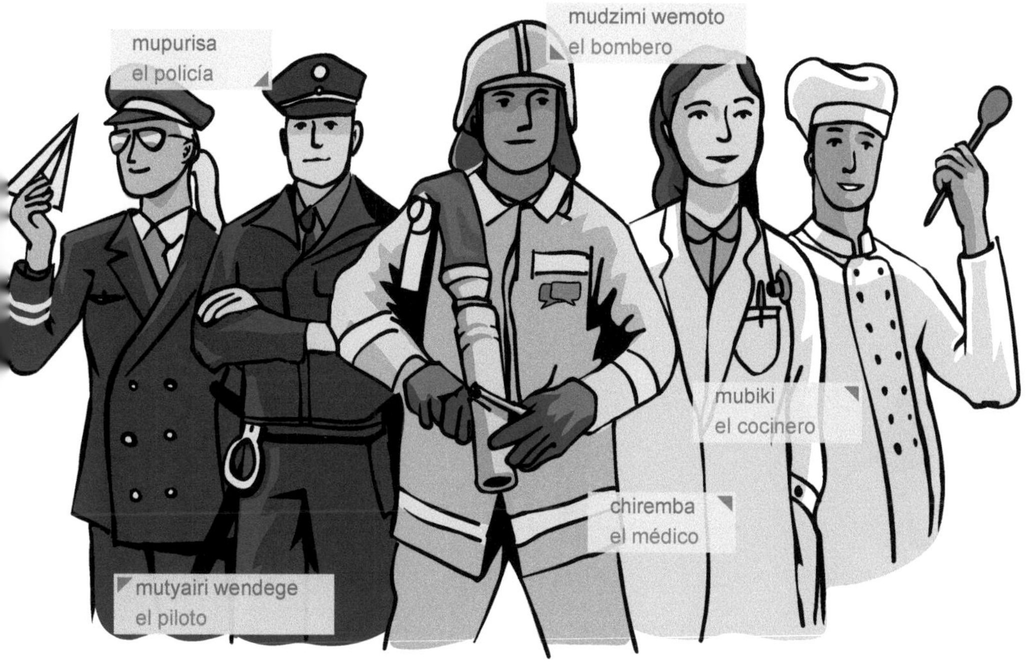
mupurisa
el policía
mudzimi wemoto
el bombero
mubiki
el cocinero
chiremba
el médico
mutyairi wendege
el piloto

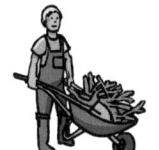

mushandi wemugadheni

el jardinero

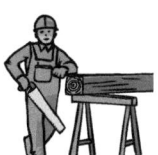

muvezi

el carpintero

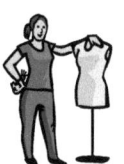

mukadzi anosona

la modista

mutongi

el juez

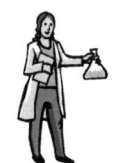

anoita zvemishonga

el farmacéutico

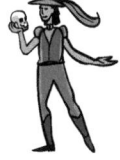

ekita

el actor

mutyairi webhazi

el colectivero

mutyairi wetaxi

el taxista

muredzi

el pescador

mudzimai anochenesa

la mucama

anogadzira denga

el techista

hweta

el mozo

muvhimi

el cazador

anopenda

el pintor

mubiki wechingwa

el panadero

mugadziri wemagetsi

el electricista

muvaki

el albañil

injiniya

el ingeniero

mushandi wemubhucha

el carnicero

puramba

el plomero

positimeni

el cartero

musoja

el soldado

anoita mapurani edzimba

el arquitecto

mutengesi

el cajero

mugadziri wemaruva

el florista

mugadziri wemusoro

el peluquero

kondakita

el cobrador

makanika

el mecánico

kaputeni

el capitán

chiremba wemazino

el dentista

musayindisti

el científico

rabbi

el rabino

imam

el imán

mumonk

el monje

mufundisi

el sacerdote

maturusi

las herramientas

sando
el martillo
pinjisi
la tenaza
sikuruudhiraivha
el destornillador
chipanera
la llave
tochi
la linterna

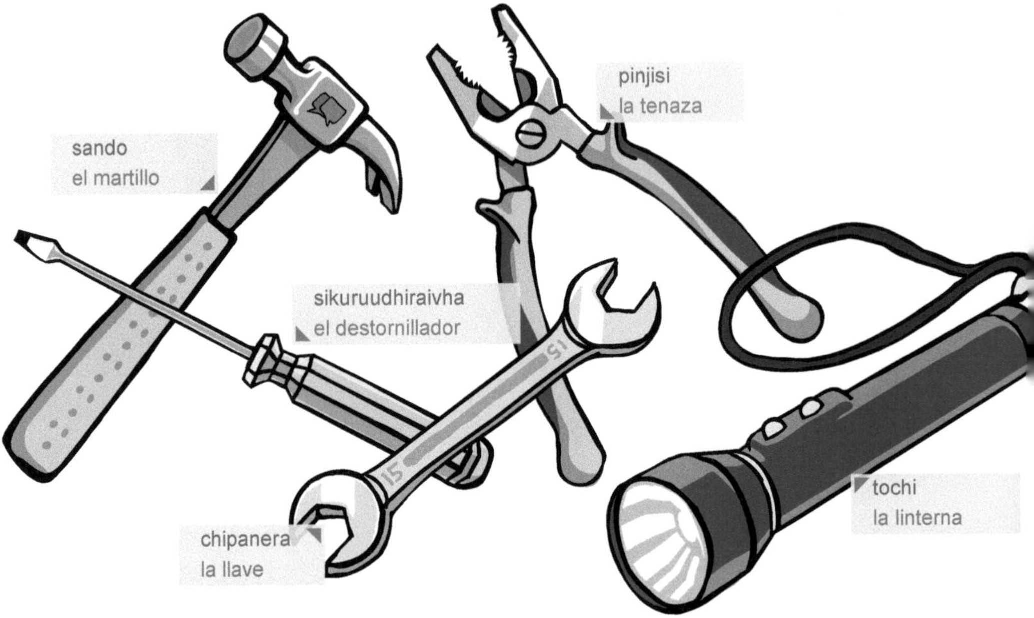

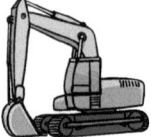

chikatapira

la excavadora

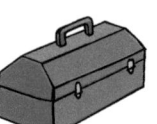

bhokisi rematurusi

la caja de herramientas

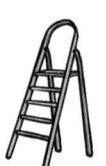

manera

la escalera portátil

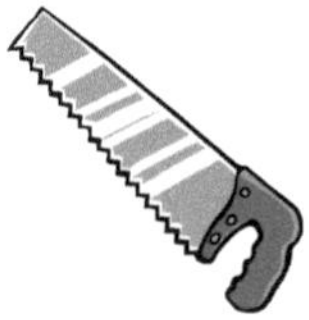

saha

la sierra

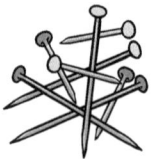

zvipikiri

los clavos

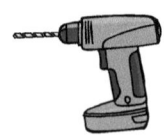

chibooreso

el taladro

kugadzira
arreglar

foshoro
la pala de jardín

Nxa!
¡Qué bronca!

chidyoreso
la pala de plástico

gaba rependi
el tacho de pintura

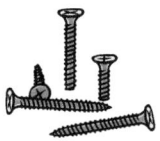

masikuruu
los tornillos

zviridzwa
los instrumentos musicales

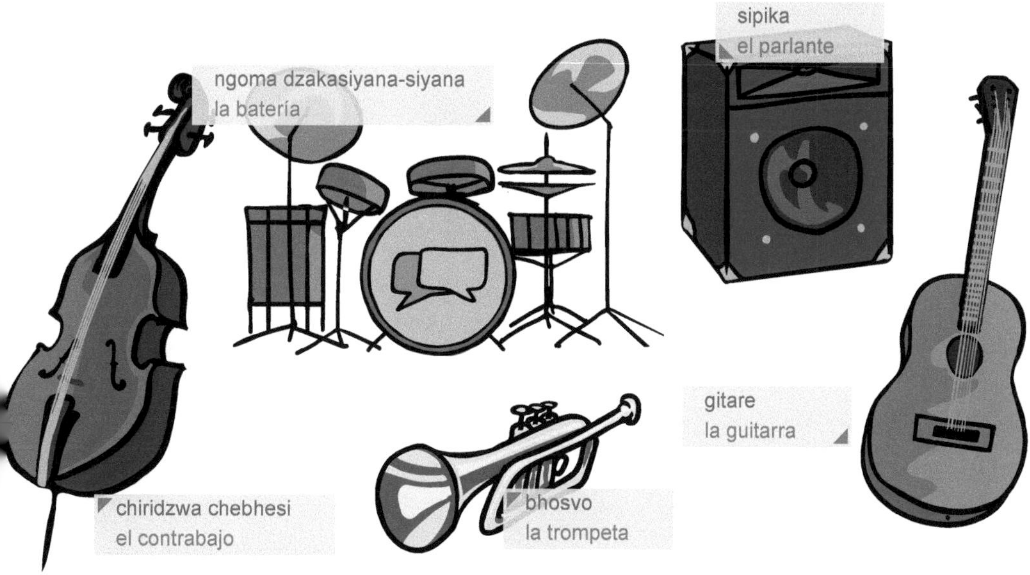

ngoma dzakasiyana-siyana
la batería

sipika
el parlante

gitare
la guitarra

chiridzwa chebhesi
el contrabajo

bhosvo
la trompeta

piyano

el piano

violin

el violín

gitare rebhesi

el bajo

ngoma

los timbales

ngoma

el tambor

piyano yemagetsi

el teclado

saxophone

el saxofón

nyere

la flauta

maikorofoni

el micrófono

munochengeteterwa mhuka

el zoológico

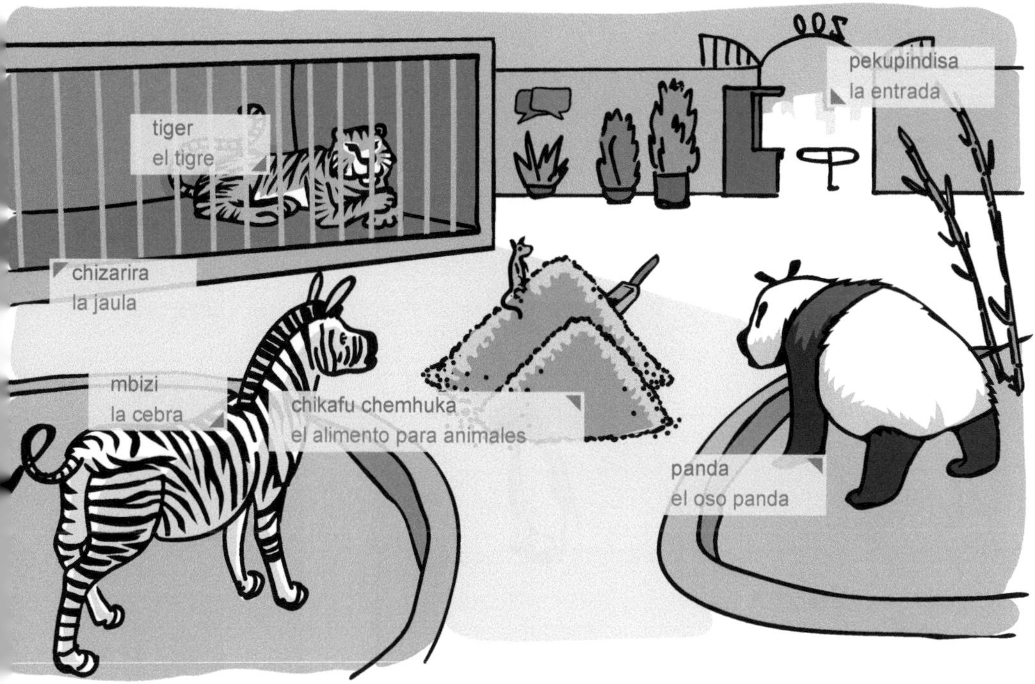
zoo
pekupindisa
la entrada
tiger
el tigre
chizarira
la jaula
mbizi
la cebra
chikafu chemhuka
el alimento para animales
panda
el oso panda

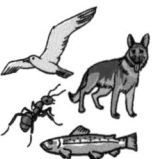

mhuka
....
los animales

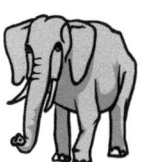

nzou
....
el elefante

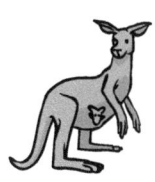

kangaruru
....
el canguro

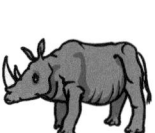

chipembere
....
el rinoceronte

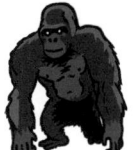

gorilla
....
el gorila

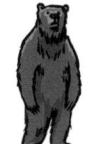

bear
....
el oso

ngamera

el camello

mhou

el avestruz

shumba

el león

tsoko

el mono

flamingo

el flamenco

parrot

el loro

bear rekuchando

el oso polar

penguin

el pingüino

shark

el tiburón

pikoko

el pavo real

nyoka

la serpiente

garwe

el cocodrilo

muchengeti wenzvimbo
yemhuka

el cuidador del zoológico

seal

la foca

jaguar

el jaguar

nyurusi

el poni

ingwe

el leopardo

mvuu

el hipopótamo

twiza

la jirafa

gondo

el águila

nguruve yemusango

el jabalí

hove

el pescado

kamba

la tortuga

walrus

la morsa

gava

el zorro

nhoro

la gacela

bhora rekuAmerica
el fútbol americano

kuchovha
el ciclismo

tenisi
el tenis

bhora rebhasiketi
el básquet

kutuhwina
la natación

tsiva
el boxeo

hockey yemuchando
el hockey sobre hielo

nhabvu

el fútbol

badminton

el bádminton

zvekumhanya

el atletismo

bhora remaoko

el handball

kuita ski

el esquí

polo

el polo

kuseka
reír

kusvetuka
saltar

kumbundira
abrazar

kufamba
caminar

kuimba
cantar

kurota
soñar

kunyengetera
rezar

kutsvoda
besar

nyora

escribir

kudhirowa

dibujar

kuratidza

mostrar

kusunda

presionar

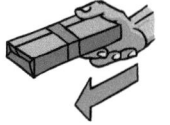

kupa

dar

kutora

tomar

kuva ne

tener

kuita

hacer

kuva

ser

kumira

estar parado

kumhanya

correr

kudhonza

tirar

kukanda

tirar

kudonha

caer

kurara

estar acostado

kumirira

esperar

kutakura

llevar

kugara

estar sentado

kupfeka

vestirse

kurara

dormir

kumuka

despertar

kutarisa

mirar

kuchema

llorar

kupuruzira

acariciar

kukama

peinar

kutaura

hablar

kunzwisisa

entender

kubvunza

preguntar

kuteerera

escuchar

kunwa

beber

kudya

comer

kuchenesa

ordenar

kuda

amar

kubika

cocinar

kutyaira

manejar

kubhururuka

volar

kufambiswa nemhepo

navegar

kakureta

calcular

kuverenga

leer

kudzidza

aprender

kushanda

trabajar

kuroora / kuroorwa

casarse

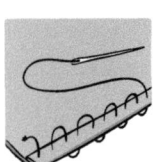

kusona

coser

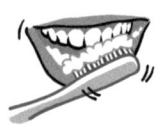

kukwesha mazino

cepillarse los dientes

kuuraya

matar

kuputa

fumar

kutumira

enviar

mhuri

la familia

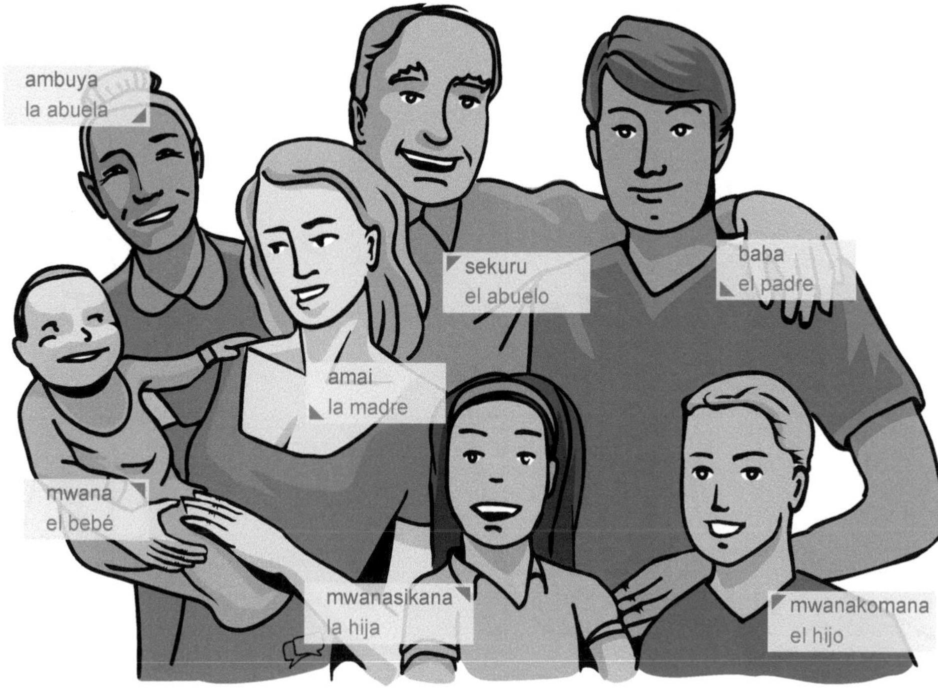
ambuya
la abuela
sekuru
el abuelo
baba
el padre
amai
la madre
mwana
el bebé
mwanasikana
la hija
mwanakomana
el hijo

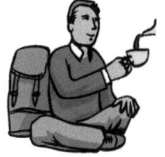

muenzi

el invitado

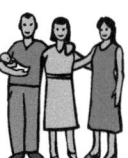

tete

la tía

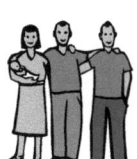

sekuru

el tío

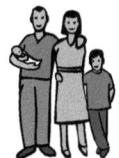

hanzvadzikomana

el hermano

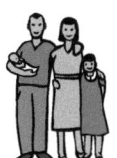

hanzvadzisikana

la hermana

muviri

el cuerpo

huma
la frente
ziso
el ojo
bendekete
el hombro
munwe
el dedo
chiso
la cara
chirebvu
la pera
ruoko
la mano
gumbo
la pierna
chipfuva
el pecho
ruoko
el brazo

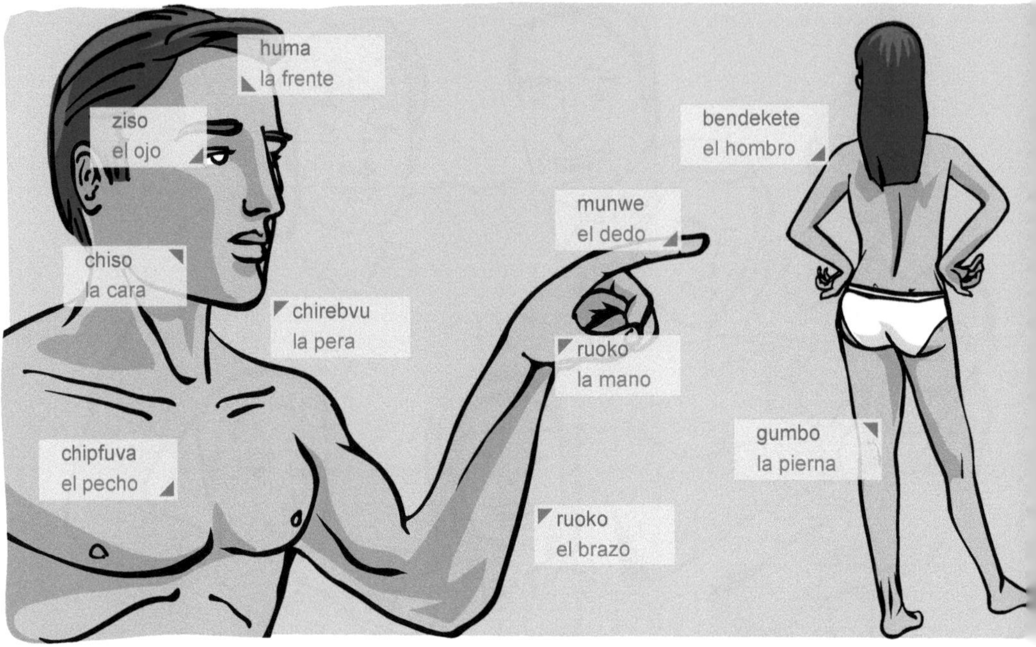

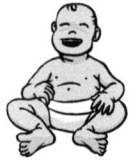

mwana

el bebé

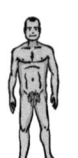

murume

el hombre

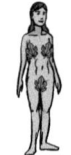

mukadzi

la mujer

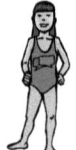

musikana

la nena

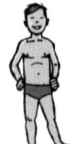

mukomana

el nene

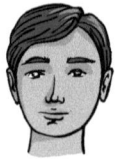

musoro

la cabeza

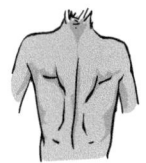

musana

la espalda

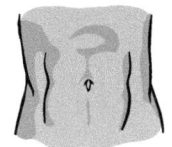

dumbu

la panza

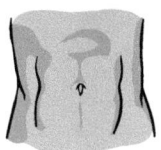

guvhu

el ombligo

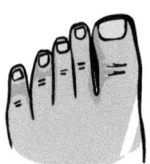

chigunwe

el dedo del pie

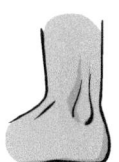

chitsitsinho

el talón

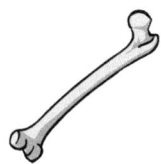

bhonzo

el hueso

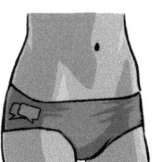

hudyu

la cadera

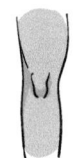

ibvi

la rodilla

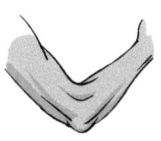

gokora

el codo

mhino

la nariz

garo

la cola

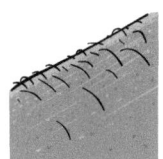

ganda

la piel

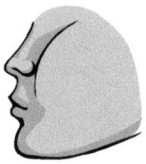

dama

el cachete

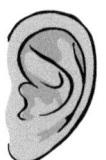

nzeve

la oreja

muromo

el labio

mukanwa

la boca

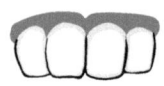

zino

el diente

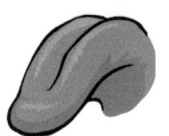

rurimi

la lengua

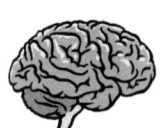

uropi

el cerebro

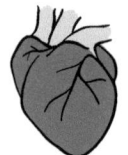

mwoyo

el corazón

tsandanyama

el músculo

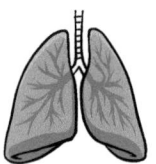

bapu

el pulmón

chitaka

el hígado

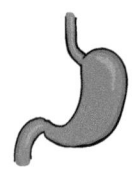

dumbu

el estómago

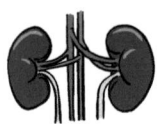

itsvo

los riñones

kuita bonde

el sexo

kondomu

el preservativo

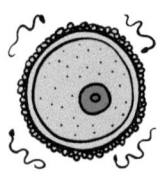

zai

el óvulo

urume

el semen

nhumbu

el embarazo

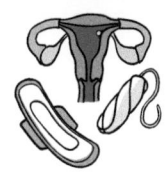

kuenda kumwedzi

la menstruación

sikarudzi

la vagina

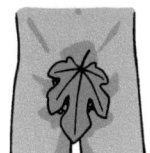

mboro

el pene

tsiye

la ceja

bvudzi

el pelo

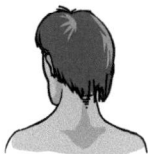

mutsipa

el cuello

chipatara
el hospital

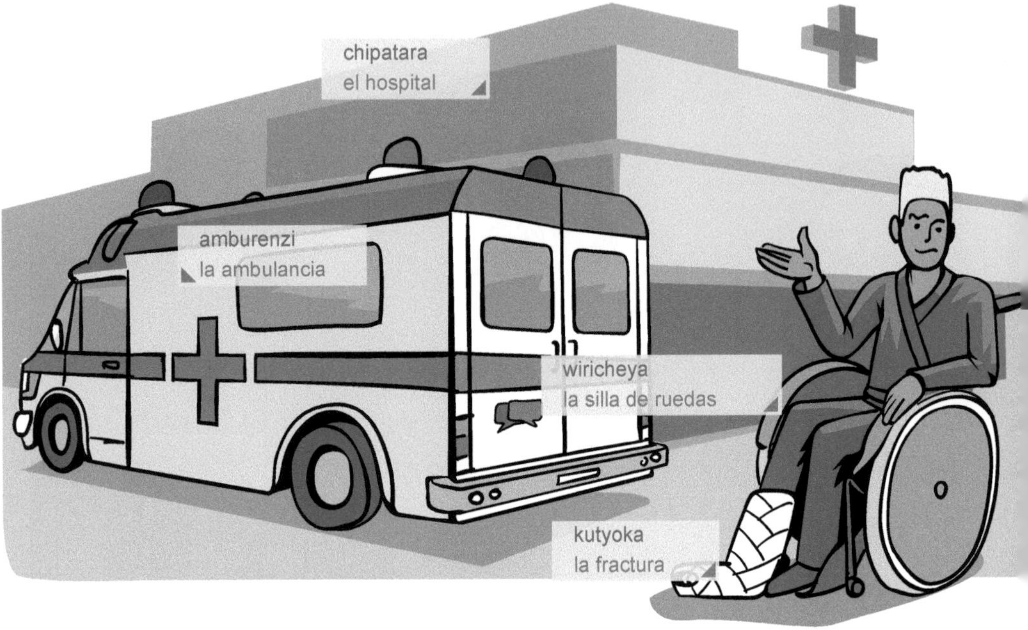

chipatara
el hospital
amburenzi
la ambulancia
wiricheya
la silla de ruedas
kutyoka
la fractura

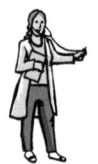

chiremba
el médico

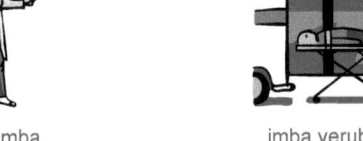

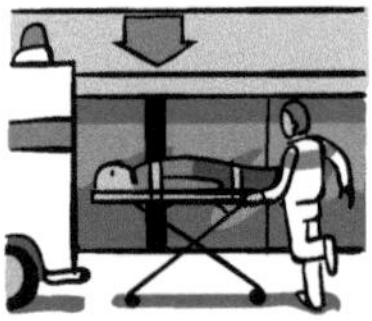

imba yerubatsiro
la sala de guardia

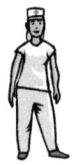

nesi
la enfermera

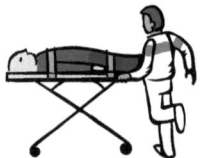

zvekukurumidza
la emergencia

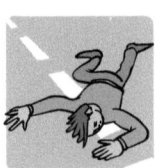

kufenda
inconsciente

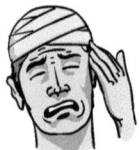

rwadza
el dolor

kukuvara

la lesión

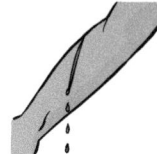

kubuda ropa

la hemorragia

kuerekana mwoyo
usisashandi

el infarto

kuoma rutivi

el ACV

zvinorwarisa

la alergia

chikosoro

la tos

fivha

la fiebre

furuu

la gripe

manyoka

la diarrea

kutemwa nemusoro

el dolor de cabeza

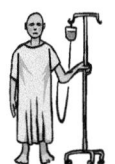

mhuka

el cáncer

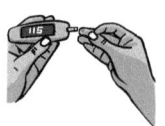

chirwere cheshuga

la diabetes

muvhiyi

el cirujano

kabanga keoparesheni

el bisturí

oparesheni

la operación

CT

la TC

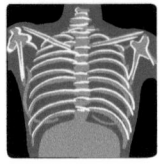

x-ray

los rayos x

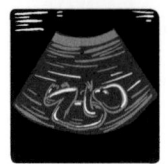

ultrasound

la ecografía

chekuvharisa mhino nemuromo

el barbijo

chirwere

la enfermedad

mekumirira kurapiwa

la sala de espera

chidhondoro

la muleta

purasita

la curita

bhandiji

la venda

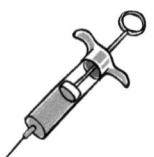

jekiseni

la inyección

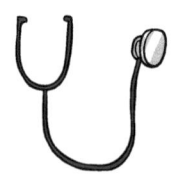

chekuteerera nacho mukati

el estetoscopio

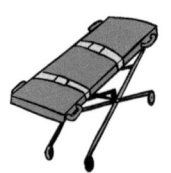

kamubhedha kemurwere

la camilla

chekutoresa nacho tembiricha

el termómetro

kuzvara

el nacimiento

kufuta

el sobrepeso

chekubatsira kunzwa

el audífono

mushonga unouraya
utachiona

el desinfectante

utachiona

la infección

vhairasi

el virus

HIV / AIDS

el VIH / SIDA

mushonga

el remedio

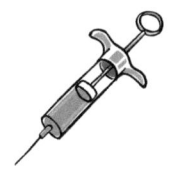

kudzivirira zvirwere

la vacunación

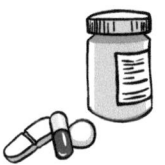

mapiritsi

los comprimidos

piritsi

la pastilla anticonceptiva

kufonera rubatsiro ipapo
ipapo

la llamada de emergencia

muchina wekuyeresa BP

el tensiómetro

kurwara / kugwinya

enfermo / sano

Maiwe!

¡Ayuda!

bhero

la alarma

kurwisa

la agresión

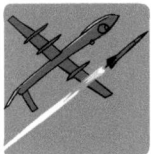

kurwisa

el ataque

ngozi

el peligro

pekupuda napo zvechimbi-chimbi

la salida de emergencia

Moto!

¡Fuego!

chekudzimisa moto

el matafuego

tsaona

el accidente

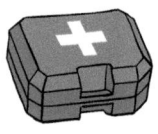

zvinhu zvefirst aid

el botiquín de primeros auxilios

SOS

el SOS

mapurisa

la policía

Europe

Europa

Kuchamhembe kweAmerica

América del Norte

Kumaodzanyemba
kweAmerica
América del Sur

Africa

África

Asia

Asia

Australia

Australia

Atlantic

el Atlántico

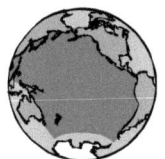

Pacific

el Pacífico

Nyanza yeIndia

el Océano Índico

Nyanza yeAntarctic

el Océano Antártico

Nyanza yeArctic

el Océano Ártico

Kuchamhembe

el polo norte

Kumaodzanyemba

el polo sur

Antarctica

la Antártida

Nyika

la Tierra

nyika

la tierra

gungwa

el mar

chitsuwa

la isla

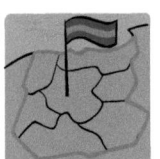

nyika

la nación

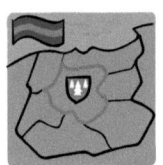

nyika

el estado

wachi

la esfera

chinongedza awa

la manecilla de las horas

chinongedza miniti

el minutero

chinongedza masekondi

el segundero

Inguvai?

¿Qué hora es?

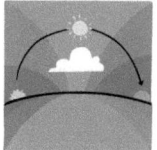

zuva

el día

nguva

la hora

izvozvi

ahora

wachi yemanhamba

el reloj digital

miniti

el minuto

awa

la hora

la semana

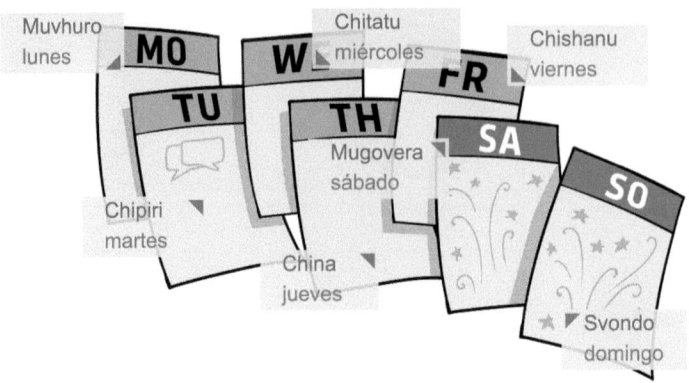

Muvhuro — lunes
Chitatu — miércoles
Chishanu — viernes
Chipiri — martes
China — jueves
Mugovera — sábado
Svondo — domingo

nezuro

ayer

nhasi

hoy

mangwana

mañana

mangwanani

la mañana

masikati

el mediodía

manheru

la tarde

MO	TU	WE	TH	FR	SA	SU
1	2	3	4	5	6	7
8	9	10	11	12	13	14
15	16	17	18	19	20	21
22	23	24	25	26	27	28
29	30	31	1	2	3	4

mazuva ebasa

los días hábiles

MO	TU	WE	TH	FR	SA	SU
1	2	3	4	5	6	7
8	9	10	11	12	13	14
15	16	17	18	19	20	21
22	23	24	25	26	27	28
29	30	31	1	2	3	4

kupera kwevhiki

el fin de semana

gore

el año

mvura
la lluvia
muraraungu
el arco iris
chando
la nieve
mhepo
el viento
chirimo
la primavera
matsutso
el otoño
zhizha
el verano
chando
el invierno

4.APRIL 11°
5.APRIL 4°
6.APRIL 13°
7.APRIL 8°
8.APRIL 10°

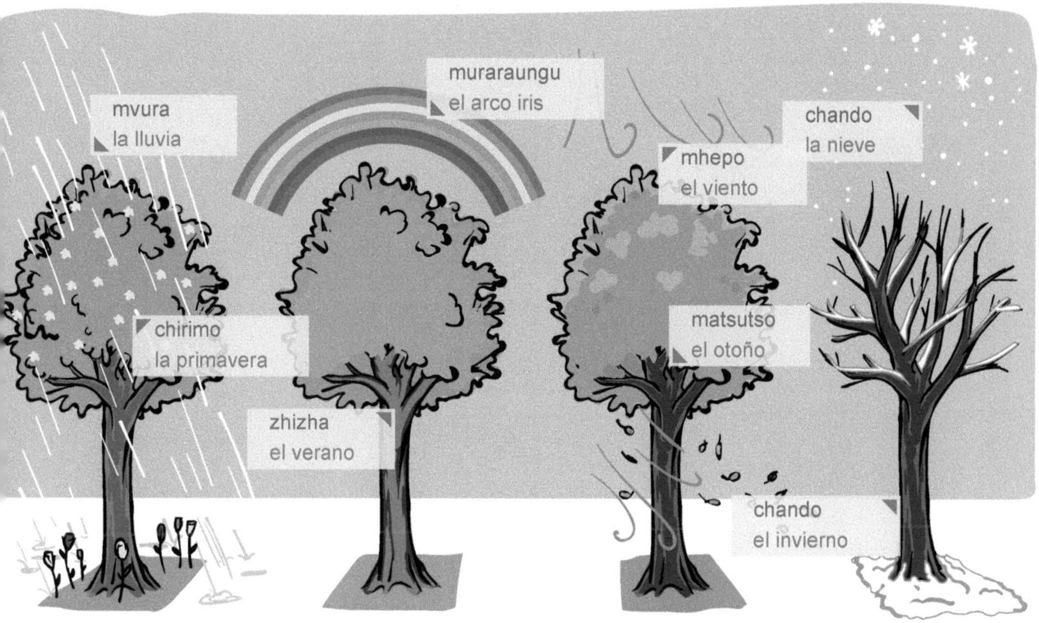

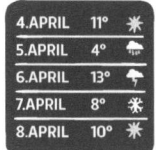

mamiriro ekunze anofungidzirwa

el pronóstico meteorológico

F
C
120
90
60
30
0
-30
40
30
20
10
0
-10
-20

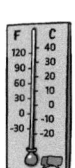

chekutoresa tembiricha

el termómetro

zuva

la luz del sol

makore

la nube

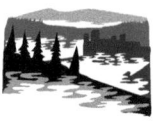

mhute

la niebla

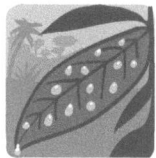

hunyoro

la humedad

mheni

el rayo

kutinhira

el trueno

dutu

la tormenta

chivhuramabwe

el granizo

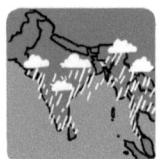

mhepo ine mvura

el monzón

mafashamo

la inundación

mazaya echando

el hielo

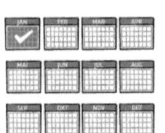

Ndira

enero

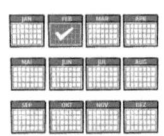

Kukadzi

febrero

Kurume

marzo

Kubvumbi

abril

Chivabvu

mayo

Chikumi

junio

Chikunguru

julio

Nyamavhuvhu

agosto

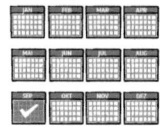

Gunyana
....
septiembre

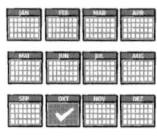

Gumiguru
....
octubre

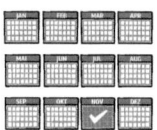

Mbudzi
....
noviembre

Zvita
....
diciembre

mashepu
las formas

denderedzwa
....
el círculo

sikweya
....
el cuadrado

rectangle
....
el rectángulo

triangle
....
el triángulo

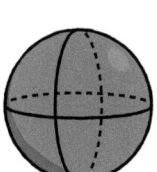

bhora
....
la esfera

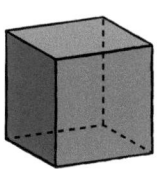

bhokisi
....
el cubo

chena

blanco

yero

amarillo

orenji

naranja

pingi

rosa

tsvuku

rojo

pepuru

violeta

bhuruu

azul

girini

verde

kaki

marrón

gireyi

gris

nhema

negro

zvakawanda / zvishoma
·················
mucho / poco

hasha / dzikama
·················
enojado / tranquilo

naka / shata
·················
lindo / feo

kutanga / kuguma
·················
el principio / el fin

hombe / diki
·················
grande / chico

jeka / rima
·················
claro / oscuro

hanzvadzikomana /
hanzvadzisikana
·················
el hermano / la hermana

chena / sviba
·················
limpio / sucio

kwana / kusakwana
·················
completo / incompleto

masikati / usiku
·················
el día / la noche

yakafa / mhenyu
·················
muerto / vivo

pamhamha / tetepa
·················
ancho / angosto

unodyiwa / haudyiwi

comestible / no comestible

utsinye / mutsa

malo / amable

kunakidzwa / kufinhwa

entusiasmado / aburrido

kobvuka / tetepa

gordo / flaco

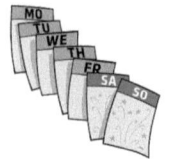

kutanga / kupedzisira

primero / último

shamwari / muvengi

el amigo / el enemigo

rakazara / hairina kuzara

lleno / vacío

oma / pfava

duro / blando

rema / reruka

pesado / liviano

nzara / nyota

el hambre / la sed

kurwara / kugwinya

enfermo / sano

zvisiri pamutemo / zviri pamutemo

ilegal / legal

kungwara / kupusa

inteligente / estúpido

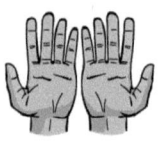

ruboshwe / rudyi

izquierda / derecha

pedyo / kure

cerca / lejos

matsva / matsaru

nuevo / usado

hapana / chiripo

nada / algo

kuru / duku

viejo / joven

batidza/dzima

encendido / apagado

vhurika / vharika

abierto / cerrado

nyarara / ruzha

silencioso / ruidoso

mupfumi / murombo

rico / pobre

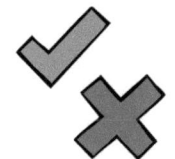

chakanaka / chakaipa

correcto / incorrecto

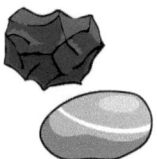

kukasharara / kutsvedzerera

áspero / suave

kusuwa / kufara

triste / contento

pfupi / refu

corto / largo

nonoka / kurumidza

lento / rápido

nyoro / oma

mojado / seco

dziya / tonhora

caliente / frío

hondo / rugare

guerra / paz

0

zero

cero

1

potsi

uno

2

piri

dos

3

tatu

tres

4

ina

cuatro

5

shanu

cinco

6

nhanhatu

seis

7

nomwe

siete

8

sere

ocho

9

pfumbamwe

nueve

10

gumi

diez

11

gumi neimwe

once

12

gumi nembiri

doce

13

gumi netatu

trece

14

gumi neina

catorce

15

gumi neshanu

quince

16

gumi nenhanhatu

dieciséis

17

gumi nenomwe

diecisiete

18

gumi nesere

dieciocho

19

gumi nepfumbamwe

diecinueve

20

makumi maviri

veinte

100

zana

cien

1.000

chiuru

mil

1.000.000

miriyoni

el millón

Chirungu

el inglés

Chirungu chekuAmerica

el inglés americano

Mandarin yekuChina

el chino mandarín

ChiHindi

el hindi

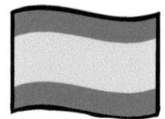

ChiSpanish

el español

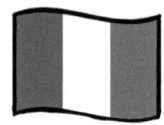

ChiFrench

el francés

ChiArabic

el árabe

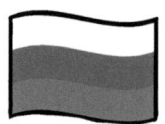

ChiRussian

el ruso

ChiPortuguese

el portugués

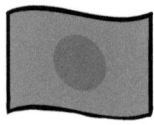

ChiBengali

el bengalí

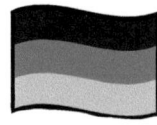

ChiGerman

el alemán

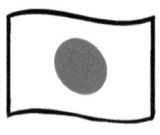

ChiJapanese

el japonés

ini
yo

iwe / imi
vos

iye
él / ella

isu
nosotros

imi
ustedes

ivo
ellos

ani?
¿quién?

chii?
¿qué?

sei?
¿cómo?

kupi?
¿dónde?

riini?
¿cuándo?

zita
el nombre

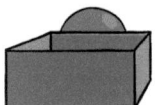

seri

detrás

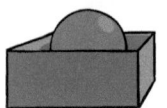

mukati

en

pamberi

adelante de

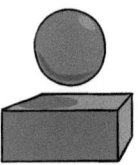

nepamusoro

por encima de

pamusoro

sobre

pasi

debajo de

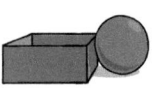

divi

al lado de

pakati

entre

nzvimbo

el lugar